Cereal asombroso
Las maravillas del maíz

EDICIÓN PATHFINDER

Por Susan E. Goodman

CONTENIDO

Cereal as

ombroso

Por Susan E. Goodman

El maíz está presente en todo tipo de productos.

Te apuesto a que no puedes pasar un día sin él. Claro, puedes prescindir del cereal de maíz en el desayuno o de las palomitas de maíz en el cine, pero eso no te hará ganar la apuesta.

La margarina que utilizas en la tostada se fabrica a base de aceite de maíz. La vaca de la que proviene tu hamburguesa se alimentó de maíz. Los nachos que comes como refrigerio se fabrican con harina de maíz. Y si quieres pasar esos nachos con un refresco, estarás tomando una bebida endulzada con jarabe de maíz.

Tus "encuentros con el maíz" no terminan en la cocina. La maicena refuerza la camisa de algodón que te colocas por la mañana. Los endulzantes de maíz le dan sabor a la pasta dental que utilizas para lavarte los dientes. Durante todo el día aparecen objetos derivados del maíz. Estos objetos incluyen los crayones, la pintura y los neumáticos. Incluso es posible que el **etanol** a base de maíz sea un componente del combustible que le colocan al vehículo familiar.

Raíces americanas

El maíz es una planta muy popular en todos los países. Independientemente de cómo se lo llame, el maíz es asombroso. Es un buen alimento que contiene ciertas proteínas y fibras y mucha vitamina C y E.

Un hecho muy asombroso del maíz es que crece de forma más eficaz que cualquier otro cereal. Por ejemplo, un acre de maíz produce dos veces más cantidad de cereal que un acre de trigo. El maíz también crece en casi cualquier tipo de suelo. Como resultado, los agricultores de todo el mundo plantan más maíz que cualquier otro cultivo. De hecho, el maíz representa casi un quinto de la energía alimentaria del mundo.

Hoy en día, el maíz crece en todos los continentes, excepto en la Antártida. Pero originalmente proviene de lo que ahora es México. Los científicos creen que el maíz se desarrolló hace más de seis mil años de un pasto silvestre llamado teosinte. El **teosinte** no se parecía mucho al maíz de hoy en día. Es cierto que cada planta tenía una mazorca, o un fruto en forma de pincho. Pero esta era mucho más pequeña que una **mazorca** de maíz. Solamente tenía una o dos filas de semillas puntiagudas, o granos. El **maíz** moderno tiene **granos** regordetes y redondos alineados en aproximadamente 16 filas.

Granos de conocimiento

- Cada mazorca tiene un número par de filas de granos.
- Los colonos europeos de Norteamérica solían alimentarse de palomitas de maíz con leche y azúcar.
- El jarabe de maíz endulza más alimentos que el azúcar refinada.

En el cine. *Los estadounidenses actuales consumen 17,3 mil millones de cuartos de galón de palomitas de maíz al año. El estadounidense promedio consume cerca de 68 cuartos de galón.*

Al principio, los pueblos nativos recogían y comían las espigas del teosinte salvaje. Pronto comenzaron a cosechar su propio teosinte. Luego, comenzaron a plantar solamente semillas de teosinte que tenían granos más rellenos.

Con el paso del tiempo, los amerindios desarrollaron muchos tipos de plantas de maíz. Algunas de las primeras plantas tenían granos tan grandes como uvas. Otras tenían granos de color rojo, azul, marrón, negro, amarillo o rosado.

Finalmente, toda la gente de América el Norte y América del Sur llegó a depender del maíz. Cocinaban los granos y se alimentaban con ellos. Disecaban los granos y los molían para hacer harina. Algunas personas incluso utilizaban las hojas dulces del maíz como goma de mascar.

Cultura popular

En ocasiones especiales, los aztecas del centro de México colocaban palomitas de maíz en sus sombreros y collares. Los incas de Perú decoraban los jardines de sus palacios con estatuas de plantas maíz hechas con oro y plata. Asimismo, las tribus amerindias de todas partes inventaron leyendas sobre el maíz.

El maíz de la abundancia. *Los indios pueblo del Sudoeste celebran los momentos de plantación y cosecha realizando danzas especiales del maíz.*

Comida para los peregrinos

Cuando los exploradores como Cristóbal Colón visitaron las Américas, se llevaron semillas de maíz de regreso a casa. Menos de 100 años después, la gente cosechaba maíz en toda Europa, Asia y África.

El maíz también fue importante para los europeos que colonizaron Norteamérica en el siglo XVII. En Nueva Inglaterra, por ejemplo, los amerindios les mostraron a los peregrinos cómo plantar el maíz enterrando un pescado cerca para enriquecer el suelo. Los peregrinos plantaron 20 acres de maíz de inmediato. El maíz evitó que pasaran hambre durante el crudo invierno que vino luego.

Una ciencia en desarrollo

Los amerindios eran excelentes científicos del maíz. De hecho, crearon cinco de los tipos principales de maíz que utilizamos hoy en día. Los amerindios cosecharon el maíz que comemos de la **panocha**. Pero a algunos no les gustaba su sabor dulce. Muchos preferían las palomitas de maíz. Los amerindios también crearon la harina que utilizamos para hornear. También desarrollaron el maíz de corteza dura y el maíz dentado. Utilizamos estos tipos de maíz para alimentar a los animales y fabricar endulzantes y maicena.

Los científicos siguen intentando mejorar la planta de maíz. Algunos investigadores están desarrollando plantas que pueden crecer sin mucha lluvia. Otros están estudiando las formas de hacer que la planta sea mucho más nutritiva. Asimismo, otros están tratando de crear maíz que vuelva a crecer todos los años sin necesidad de volver a plantarlo en primavera.

Aún no se sabe si es una mejora, pero un científico desarrolló una nueva variedad para el 200 aniversario de los Estados Unidos en 1976.

¿Puedes adivinar cómo lucía su nueva variedad de maíz? ¡Por supuesto que los granos eran rojos, blancos y azules!

Vocabulario

etanol: líquido incoloro a base de maíz

grano: semilla

maíz: planta de maíz

mazorca: fruto en forma de espiga de una planta de maíz

panocha: centro leñoso de una mazorca

teosinte: mata que posiblemente sea el ancestro del maíz

Una historia llena
Del campo a las tiendas

le granos

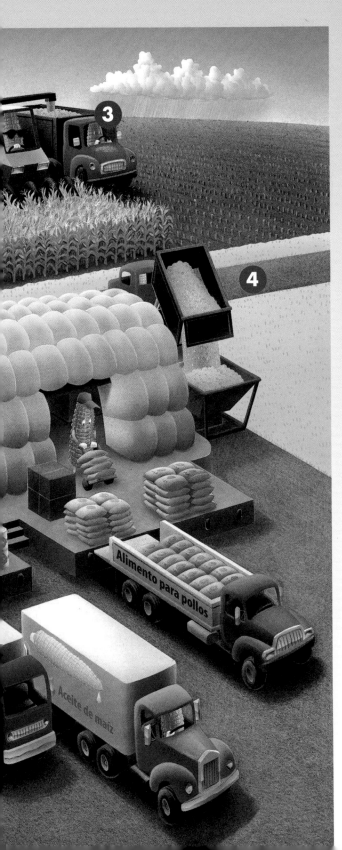

❶ Plantación

En la primavera, una máquina para sembrar maíz coloca los granos en filas y aplasta el suelo. Los agricultores fertilizan y desmalezan el suelo para que crezcan las plantas de maíz.

❷ Cultivo

Los granos del maíz adulto se secan al sol.

❸ Cosecha

En el otoño, una cosechadora corta las plantas. Luego extrae las mazorcas y les quita los granos. Si el sol no ha disecado los granos lo suficiente, una secadora termina el trabajo. Algunos de los granos de maíz disecados permanecen en la granja y se utilizan para alimentar a los animales.

❹ Transporte

El resto de los granos de maíz disecados se envía a las fábricas. No se desperdicia ninguna parte del grano.

❺ Fabricación

Alimento para animales

La cubierta de la semilla se mezcla con proteínas para fabricar más alimento para los animales.

Productos aceitosos

El germen del interior del grano, la parte que puede formar una planta, está lleno de aceite y proteínas. El germen suministra el aceite para fabricar muchos alimentos, incluyendo las papas fritas y el aderezo para ensaladas. También puede utilizarse para fabricar pintura o barniz.

Productos a base de almidón

El almidón de un grano puede convertirse en la maicena de productos tales como la mezcla para panqueques, neumáticos o madera terciada. También puede convertirse en el jarabe de maíz de la fruta enlatada o en pomada para zapatos.

❻ Distribución

Todos estos productos derivados del maíz se envían a las tiendas de todo el mundo, ¡para que la gente pueda comer, construir y transportarse con el MAÍZ!

nundial del maíz

En los stados Unidos se cultiva casi la mitad del maíz de todo el mundo. La mayor parte de ese maíz se cultiva en el cinturón maicero. Este cinturón no es el que utilizas en tus pantalones, sino que se trata de una zona agreste que produce toneladas de maíz. El cinturón maicero abarca parte de nueve estados de la región central de los EE.UU. Aquí se cultivan más mazorcas que en cualquier parte del mundo. A continuación te presentamos estos datos para que conozcas más acerca del maíz que proviene de esta asombrosa región del país.

 En una calurosa noche de verano, una planta de maíz puede crecer 3 o 4 pulgadas.

 Un grano de maíz puede convertirse en una planta que produce hasta 800 granos nuevos.

 Casi el 60 por ciento del maíz que se cultiva en los Estados Unidos se utiliza para alimentar animales.

 Hoy en día existen grandes máquinas que pueden cosechar un acre de maíz por minuto.

 En los Estados Unidos se produce el doble de maíz que en cualquier otro campo de cosecha.

La tierra del maíz. ARRIBA: *Los agricultores de los Estados Unidos producen más de nueve mil millones de costales de maíz por año.* ABAJO A LA IZQUIERDA: *Los carteles como este demuestran la popularidad del maíz entre los consumidores.* ARRIBA: *Los agricultores del cinturón maicero producen más maíz que los de cualquier otra parte del mundo.*

El cinturón maicero

MINN.
DAKOTA DEL SUR
NEBRASKA   IOWA
           ILL. IND. OHIO
KANSAS   MO.

E l maíz es una cosecha importante. La gente de todo el planeta depende de él. Lo comemos rostizado y horneado en forma de nachos. Lo utilizamos para alimentar a los animales de granja, como las vacas y los cerdos. Sin embargo, el maíz no se utiliza sólo en los alimentos. Es un ingrediente clave en miles de cosas que usamos de forma cotidiana.

Cada grano de maíz contiene almidón, proteína, aceite y fibras. Cada uno de estos componentes puede utilizarse para fabricar una diversidad de productos. Los ingredientes del maíz se encuentran en todas partes, desde los crayones hasta las galletas y el jabón para las manos.

Fijate en los productos en estas páginas.

Todos ellos contienen ingredientes de maíz. ¿Sabías que estos productos se fabrican con maíz? ¿Cuáles de ellos tienes en casa?

Nachos

Helado

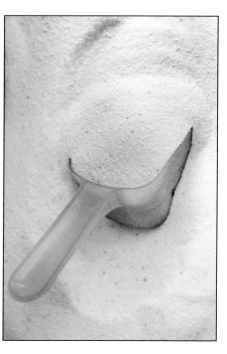

Jabón para la ropa

Galletas

n maíz

Pasta dental

Tela

Crayones

Jabón para las manos

Maíz

Responde las siguientes preguntas para evaluar lo que has aprendido sobre el maíz.

1 ¿En qué se diferencia el teosinte del maíz que conocemos en la actualidad?

2 ¿Cómo fertilizaban los peregrinos el suelo al cultivar el maíz?

3 ¿Cómo llega el maíz del campo hasta la tienda de comestibles?

4 ¿Por qué el cinturón maicero es una zona importante del país?

5 ¿El maíz es más útil como alimento o para fabricar productos? Explica tus respuestas.

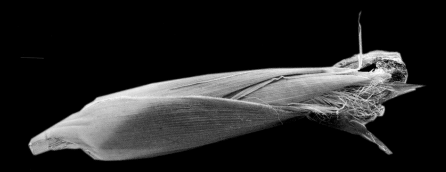